U0033138

我該搬誰的乳酪

WHOSE CHEESE SHOULD I MOVE?

何 君◎著

匡邦文化

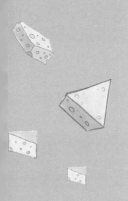

序 | 迷茫與選擇

WHOSE CHEESE SHOULD I MOVE

2 1世紀是打造「地球村」的世紀，全球一體化的浪潮把所有人都捲入了一個巨大複雜的「迷宮」時代。

「迷宮」時代是迷茫與選擇的時代。

巨大的商業帝國可能會轟然倒下，無名小子也可以搖身變成超級富豪。變化是「迷宮」時代最基本的特點。

「迷宮」時代從來都不缺少機會，「迷宮」時代其實就是機會的時代。「地球村」任何一個變化都會引起複雜的連鎖變化，其中任何一個變化都蘊涵著各種各樣的機會。

太多的機會意味著太多的選擇，必然造成相對的迷茫，因為我們真的沒有一套在工作和生活中尋找和把握機會的有效方案。

工作和生活都是連續的，我們不能期望通過把握一次機會就可以安穩地做「地球村」的村民，變化的「迷宮」時代根本不可能給予我們這樣好的待

遇。我們必須在變化中尋找和把握一系列的機會。

「迷宮」時代是選擇的時代。你可以在無數的機會中選擇任何一個，但是你必須牢記一點——你只能選擇一個。或許這就是我們人生最大的成本，因爲你的選擇決定了你的現在與未來。

迷茫來自我們不知道如何選擇的遊戲規則。在我們決定的時候，通常並不清楚特定的選擇究竟意味著什麼。所以，通常我們不是在選擇，而是在賭博。

要是有一份「迷宮」的地圖就好了。地圖的意義就在於告訴我們如何進行正確的選擇。

因爲你我都必須在這個巨大複雜的「迷宮」中生活一輩子。我們誰也躲不過大量機會帶來的迷茫與選擇機會的困惑。

我們唯一要做的就是找到一份「迷宮」的地圖。而地圖或許現在就在你手裡。

目 錄 Contents

我該搬誰的乳酪

你必須
動別人的乳酪

WHOSE CHEESE SHOULD I MOVE

「我該搬誰的乳酪」是一個看似簡單的小故事，其實闡述了一整套如何在「迷宮」時代尋找和把握機會的有效方法。

老鼠奇奇從小生活在垃圾場中，他不願意一輩子都做一隻灰頭灰臉的垃圾老鼠，他想每天都可以吃上新鮮的乳酪。垃圾場永遠都不可能實現奇奇的夢想，他義無反顧地來到到處都是乳酪的「迷宮」。

「迷宮」裏的確到處都是各種各樣的乳酪，但是，所有的乳酪都是有主人的。想獲得乳酪的唯一途徑就是動別人的乳酪。當然，動別人的乳酪就必須遵守「迷宮」的遊戲規則。

老鼠奇奇最後成爲了「迷宮」裡的乳酪大亨，擁有了「迷宮」裡最多最好的乳酪。從一隻灰頭灰臉的垃圾老鼠到「迷宮」裡的乳酪大亨的過程中，老鼠奇奇一直在思考、總結和實踐著「動別人乳酪」的有效方法，堪稱是「迷宮」時代的成功寶典。

故事中的「乳酪」其實就是我們渴望擁有的東西，例如有前途的工作、自己的事業、理想的生活方式，當然也可以是金錢，甚至是一個理想的愛人。反正只要是你渴望擁有的好東西，就是你的乳酪。「迷宮」裡的人都喜歡乳酪的。

每一個人都有自己想要的乳酪。在「迷宮」時代，所有的乳酪都是有人看著的，因為「迷宮」裡有太多太多的人，沒有主人的乳酪幾乎是不存在的，因為天上永遠都不可能掉乳酪的。所以，獲得乳酪的唯一途徑就是動別人的乳酪。

的的確確，「迷宮」時代是一個高度競爭的時代。儘管「迷宮」時代的機會有很多很多，但是，「迷宮」裡的人更多更多。機會永遠都不會主動敲你的門，你只能主動去尋找機會。

動別人的乳酪其實就是主動尋找和把握機會的過程，老鼠奇奇就是這樣成為「迷宮」的乳酪大亨的。

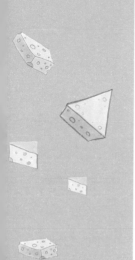

成功一定有方法

WHOSE CHEESE SHOULD I MOVE

老鼠奇奇是「迷宮」時代經典的成功範例：

首先，老鼠奇奇來到了到處都是乳酪的「迷宮」。

只有在乳酪的旁邊，才有可能發現和得到乳酪。

老鼠奇奇很快就找到了動別人乳酪
的第一種方法，使自己在「迷宮」
裡立住了腳。

尋找和把握機會的過程中，
絕對不可以餓肚子喔。

15

老鼠奇奇通過「充電」進入了「迷宮」的精英階層，從本質上改變了自己的命運。

　　知識改變人的命運，知識的證據就是各種「證書」。

老鼠奇奇選擇「迷宮」裡乳酪最多
最好的地方，終於成為「迷宮」的
乳酪大亨。

乳酪越多的地方，機會也就越大的。

為什麼
要講這個故事

WHOSE CHEESE SHOULD I MOVE

很高興有機會給大家講這個故事，因為這個故事給了我巨大的幫助，甚至是改變了我的人生道路。

大學剛畢業的時候，和很多人一樣，我也是一個躊躇滿志和意氣風發的理想主義者，迫不及待地想進入社會做一番事業。事情並不是想像的那樣簡單和順利，過分的激情通常傷害了別人也傷害了自己。一年多之後，完全沒有了剛畢業的豪情，剩下的僅僅是對未來的茫然。

為什麼會茫然呢？因為我沒有辦法規劃自己未來的生活道路。「隨遇而安」聽起來很豁達很美麗，但卻不是我想要的狀態，我絕對不是一個甘於平庸的人，即使是很茫然的時候，在小的時候，我知道自己一定要上大學，目標明確又直接，我可以集中我全部的心力，去實現自己的目標。畢業後，我也為自己定了一個目標－－要做一番事業，以為也可以集中自己的全部心力，去實現自己的理想。

其實我錯了，錯了才變得茫然。

我現在的目標實際上是一個模糊的概念，是一個似是而非的美麗陷阱。因為「要做一番事業」的說法太過於籠統，根本不能轉化為一個可以操作的行動規劃。我根本不可能明確知道「什麼是一番事業」，是一份輕鬆的工作還是一份有前途的工作；是想做上班一族還是創建自己的事業EF因為上述所有選擇都可能會有「一番事業」，也都可能什麼都沒有。

記得有人說過：一年入行，兩年入門，三年有小成。這句話闡述了一個新人成長為成熟工作人員的一般歷程。我也知道成功是需要時間的，但是，我卻不明白如何「入行」，如何「入門」，什麼又是「有小成」，因為我根本不清楚到底應當幹什麼。

迷茫的感覺真的不好受，因為我的時間並不是很多。「三十而立」的古話還是很有道理的，如果

我在三十歲之前一直處於「隨遇而安」的狀態，三十歲以後大概也只好「隨遇而安」了，根本不可能談得上立與不立的問題。

我覺得自己必須盡快解決這個問題，必須明確自己奮鬥的方法與目標，就像小的時候知道一定要上大學那樣直接和明確。

在偶然的機會遇到了一個大學的校友，一個比我大兩屆的學長。我無精打采，他神采奕奕。我們找了一個可以聊天的地方，我向他傾訴了我的迷茫和苦悶。

他靜靜地聽完我的話，然後說道：「一年前我的狀況和你的一模一樣，或許這是大家都要經歷的過程。」

「當時我也很迷茫。我在一家大公司做事情，公司實際上沒有從外面看上去那樣好。公司大，多半比較官僚。我每天重複做一些沒有意義的瑣事，自己關於公司的合理化建議石沉大海，我覺得自己毫

無前途可言。」學長繼續說道。

「有一天，我去拜訪一個熟悉的老客戶。我向他說起了我的事情。我的話跟你剛才說的大同小異。他聽完我的話之後，給我講了一個故事。這個故事是他在美國培訓的時候聽到的，這是一個在美國商界廣泛流傳的故事。」

「什麼故事？」我的好奇心一直很重。

「故事的名字叫『我該搬誰的乳酪』。」學長答道。

「『我該搬誰的乳酪』？這樣有趣的名字，一定是一個有意思的故事。」

「是呀，一個很有意思的故事。這個故事實際上講的是一個人如何在生活或工作中尋找和把握機會的方法。」學長解釋道。

「真的嗎？難道你也受這個故事的影響？」我比較詫異，因為學長是一個不會輕易改變自己的人。

「真的，聽完這個故事後，我徹底地擺脫了迷

茫。我很快規劃出了自己未來發展的道路。之後，我花了三個月的時間，選擇了一份合適自己的工作，現在做得不錯。估計兩年之後，我就會創業的。」

「太神奇了，你一定要告訴我這個故事！」我懇切地對學長說。

以下，就是學長給我講的故事。故事的名字叫作「我該搬誰的乳酪」。

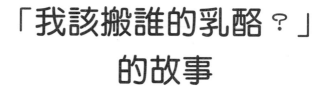

「我該搬誰的乳酪？」的故事

WHOSE CHEESE SHOULD I MOVE

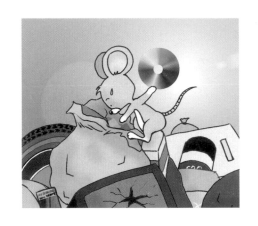

一

　　在城市邊緣的大型垃圾場內，生活著一群老鼠。它們在垃圾中尋找可以充飢的東西，通常是一些腐敗變質的食物，雖然味道不是很好，但是從來都不會餓肚子。運氣好的時候，還可以吃上一塊乳酪，當然乳酪都會有一些酸味，但是老鼠們從來都不在乎，因爲這是乳酪呀，是老鼠們最愛吃的食物（也是大家都愛吃的東西），能夠吃上乳酪是老鼠們最開心的事情。吃飽了，老鼠們就會曬曬太陽，玩玩遊戲，日子過得似乎很愜意。

老鼠們從來都沒有懷疑過自己的生活，甚至都沒有想過自己的生活，只有兩隻老鼠除外。一隻叫麻桿的灰老鼠經常跑到垃圾場中最高的垃圾山上獨自待著，還抱怨垃圾場中的食物不好吃，尤其是乳酪太少。幾年前的一天早晨，麻桿獨自離開了垃圾場，也不知道去了什麼地方。沒過多久，老鼠們就忘記了曾經有過這樣一隻叫麻桿的老鼠。現在，又有一隻叫奇奇的老鼠吃了一條腐敗的魚拉了三天三夜的肚子之後，也開始抱怨垃圾場中的生活，並開始獨自沉思。奇奇的行為使一些老老鼠想起了幾年

前出走的麻桿。

　　一天，一隻老老鼠叫住了無精打采、正在四處閒逛的奇奇：「奇奇，你最近怎麼啦？是不是病啦？」

　　「沒有，我只是覺得無聊，我討厭現在的生活。」奇奇回答說。

　　「為什麼呀？」老老鼠繼續問道，「孩子，這裡的生活眞的很不錯的。」

　　「不，我們吃的都是變質的垃圾，我想每天都吃乳酪。不是已經發霉的乳酪，是新鮮的乳酪！」奇奇既像在回答老老鼠的提問，又像是在自言自語，然後向著垃圾場中最高的垃圾山走去。

　　日子一晃又過去了幾個月。中午的陽光不錯，奇奇又來到垃圾場中最高的垃圾山上，無聊的四處張望。好奇怪喲，奇奇突然發現很遠很遠的地方似乎有一座城堡。因為垃圾場幾乎每天都是塵土飛揚，很是影響老鼠們的視線。

奇奇的好奇心一直都很重的，今天也不例外，它很想弄清楚城堡的事情。奇奇正在胡思亂想毫無頭緒的時候，突然看見了老老鼠。老老鼠可是在垃圾場中知道事情最多的老鼠了。

　　「您好！老老鼠。」奇奇很狡猾，知道問問題必須要有禮貌的，所以就很有禮貌的走近老老鼠，恭恭敬敬地向他打招呼。

　　「有什麼事情要問呀？奇奇。」老老鼠看穿奇奇的花招，但仍然很高興。

　　「遠處是有一座城堡嗎？那是什麼城堡？」奇奇問道。

　　「是呀，遠處是有一座城堡。平常這裡灰塵太大看不到的。」老老鼠說道，「那座城堡叫『迷宮』。」

　　「迷宮？」奇奇越來越好奇，「迷宮是什麼？」

　　「迷宮嘛，我也沒有去過。只是聽說很不錯的，到處都是新鮮的乳酪。」老老鼠歪著頭想了一下說道。

「眞的嗎？眞的嗎？『迷宮』裡眞的到處都是新鮮的乳酪嗎？」奇奇興奮地問到。

「據說是這樣的，反正我們這裡的乳酪都是從『迷宮』裡來的。」老老鼠狡猾地笑著，「所以每次『迷宮』的垃圾一來，我就會去找乳酪吃。這個秘密你不要告訴其他老鼠哦。」

奇奇終於明白了老老鼠為什麼經常有乳酪吃了。

「幾年前，我有一個朋友叫麻桿，我們一起發現了這個秘密。麻桿後來就去了『迷宮』。」老老鼠繼續說道。

「我也要去『迷宮』，我要每天都吃新鮮的乳酪！」

「噢？」老老鼠看著奇奇，有些驚訝的說：「你

也要去嗎？聽說路很遠，很難走。」

「我不怕，」奇奇大聲的說道：「我一定要去那。」

「好，做事要敢想。」老老鼠拍了拍奇奇，接著說道：「我去不成了，這是我攢下的一點食物，還有一小塊新鮮的、沒變質的乳酪，送給你吧。」

「謝謝您！」奇奇感激的說道，心裡琢磨著老老鼠的話：「做事要敢想。」

「再見！」老老鼠轉身走了。

「再見！」

奇奇再也忍不住了，一轉身就離開了垃圾場，頭也不回地向著「迷宮」跑去。

31

二

老鼠奇奇實在太興奮啦！太高興了！以前儘管
不滿意垃圾場無聊的生活，但是卻找不到新生活的
方向。現在－－迷宮－－就是奇奇新生活的方向，
那裡到處都是新鮮的乳酪呀！

「迷宮」好遠呀，但是奇奇有著對新生活的憧
憬，有著對新鮮乳酪的渴望，奇奇一路上一點都沒
有覺得累，甚至都沒有感覺到餓。

「肚子空一點沒有關係，到了『迷宮』可以吃更
多的新鮮乳酪。」奇奇這樣想著，甚至覺得再餓一
些更好呢。

第二天中午，奇奇終於到了「迷宮」。濃郁的

乳酪香味都快讓奇奇幸福地暈倒了。

「『迷宮』並不像老老鼠說的那麼遠！」奇奇心裡想。

「迷宮」太漂亮了，與垃圾場完全不一樣。垃圾場除了雜亂無章的垃圾，就是遮天閉日的灰塵。而「迷宮」裡有寬闊整齊的街道，高大漂亮的房子，房子裡真的都是各式各樣的乳酪！「迷宮」來來往往的都是衣冠楚楚、神采奕奕的各種人物。奇奇一下子就被擊倒了，要知道奇奇在垃圾場可是公認的靚仔呀，奇奇在垃圾場從來都沒有自卑過。而現在，奇奇突然意識到自己是一隻灰頭灰臉的小老鼠！

突如其來的打擊使奇奇很難受，甚至使他暫時忘記了飢餓。奇奇現在可不敢像在垃圾場裡無所顧忌的亂跑亂竄了，因為垃圾場是奇奇最熟悉的家呀。在陌生繁華的「迷宮」裡，奇奇不得不小心翼翼走著，張大兩隻小眼睛，興奮地觀察著「迷宮」。

我該搬誰的乳酪

三

　　乳酪是奇奇觀察的重點，走過一條街之後，奇奇失望地發現一個事實——所有的乳酪都有人看著！

　　乳酪的香味不停地飄進奇奇敏感的鼻子，一次次地刺激著奇奇空空的肚皮。飢腸轆轆的奇奇終於忍不住了，壯著膽子進了一間屋子，伸手就要拿一塊乳酪（在垃圾場就是這樣的，什麼東西都可以隨便拿。）。

　　「砰！」奇奇聽到自己的身體發出了巨大的聲音，然後發現自己已經躺在地上了。乳酪旁邊的一隻山羊正走向自己。

我該搬誰的乳酪

　　「死老鼠，居然敢動我的乳酪！還是明搶！」山羊氣呼呼地罵著奇奇，然後一腳把奇奇踢到了街上。

　　垃圾場沒有好乳酪；「迷宮」有無數的好乳酪，但是所有的乳酪都有人看著，奇奇一點點都吃不到。奇奇太難過了！

　　「天大的好消息！天大的好消息！想吃世界上最好乳酪的跟我來呀！而且還是免費的呀！」

　　茫然無助的奇奇聽到這個聲音之後，精神立即一振，兩隻小眼睛都快順著聲音伸出去了。原來是一隻狐狸拿著喇叭在街頭拼頭地嚷著，周圍已經圍了很多人，有衣冠楚楚的，也有像奇奇這樣灰頭灰臉的。

　　「我是狐狸滑滑，想與大家分享這個千載難逢的機會！想把握這個機會的請進屋，不過每位要交一

36

小塊乳酪作爲費用的。」狐狸滑滑拿著喇叭，對大家循循善誘。

不斷有人向狐狸滑滑交了一小塊乳酪進了屋。奇奇也動心了——「迷宮」裡還是有免費的乳酪吃的呀，只是因爲自己不知道罷了。

奇奇身上還有一小塊乳酪，那是老老鼠給奇奇的最好的一塊乳酪，奇奇一直都捨不得吃，他把這塊乳酪當作了對新生活的象徵。

世界上最好的乳酪，而且是免費的！奇奇在心裡盤算了半天，覺得很合適，就把這塊乳酪給了狐狸滑滑，滑滑身邊的大筐裡已經堆滿了各式各樣的乳酪。奇奇進了滑滑身後的大門。

大門後面其實就是一個四面牆的院子，裡面已經有很多人，奇奇找了一個地方，與大家一起等著享受免費的、世界上最好的乳酪。

等了很久，狐狸滑滑才進來，還是用他的喇叭對著大家說：

「女士們，先生們，大家好！我從可靠的途徑獲得了一個天大的好消息——一個小時之後，從天上會掉下世界上最好的乳酪，跟下雨一樣。歡迎大家盡情享受！」

狐狸滑滑說完後，就從旁邊的小門進去了。

還有一個小時就可以享受世界上最好的乳酪，奇奇真的好激動呀，大家也一樣的興奮。時間一分一秒的過去了，一個小時很快就到了。天上並沒有像狐狸滑滑說的那樣掉下世界上最好的乳酪，甚至是垃圾場那樣的變質乳酪也沒有。其實天上什麼都沒有往下掉，朗朗晴空，連一絲雲彩都沒有，也就

是說連雨滴也不可能掉。

時間又過去了一個小時，大家開始騷動了，尋找狐狸滑滑成為大家唯一的目標。大家從狐狸滑滑消失的小門擁進去，進入了一間空蕩蕩的大屋子，沒有狐狸滑滑，只是在迎面的牆上有兩行大字：

狐狸滑滑的忠告：

天上不會掉乳酪！

奇奇和大家一樣失望！不過，奇奇覺得狐狸滑滑的忠告很有道理。「迷宮」就是與垃圾場不一樣。垃圾場中的乳酪就是和天上掉下來的一樣，儘管是世界上最差的乳酪；而在「迷宮」，所有的乳酪都有人看著，天上也不可能掉乳酪，連狐狸滑滑都這樣說了。

「天上不會掉乳酪！」奇奇用力的記住了狐狸滑滑的忠告。

問題是－－奇奇怎樣才能得到自己的乳酪呢？

四

奇奇是一個有企圖心的老鼠，他不想永遠都是一隻灰頭灰臉的垃圾老鼠，奇奇想成為像大熊一樣的「迷宮」大亨。

大熊是奇奇的偶像，他是「迷宮」的大亨，擁有「迷宮」內最高最好的房子，裡面裝滿了「迷宮」中最好的乳酪。

當奇奇第一次看到大熊的時候，驚嘆之餘馬上就有了「成功當如此」的念頭。

「大熊就是我的人生目標！」奇奇心裡默默的唸著。

奇奇在「迷宮」中遊蕩了一個多月，儘管沒有吃到一塊乳酪，但是也熟悉了「迷宮」。

　　不要忘記了，奇奇可是一隻善於觀察和學習的老鼠。

　　奇奇也是一隻聰明的老鼠，既然「迷宮」中有各式各樣的乳酪；每塊乳酪都有自己的主人看著。要想得到乳酪，只有一個辦法－－就是動「誰」的乳酪。奇奇還是有兩個問題沒有解決：一是究竟動「誰」的乳酪；二是如何動。

　　奇奇想通這件事之後，再也不茫然了。他找到了「迷宮」的垃圾站，吃了一些垃圾的食品，然後找地方睡覺去了。

五

　　一個多月的「迷宮」生活，奇奇其實一點都沒有浪費時間。奇奇現在已經很熟悉「迷宮」了，並且了解到：只要幫助乳酪的主人做一些事情，乳酪的主人就會拿出一些乳酪作為報酬。這是動別人的乳酪最簡單的方法。

　　奇奇決定明天動小狗皮皮的乳酪，因為奇奇這幾天發現小狗皮皮從鴨子唐唐那裡弄來好多的乳酪。皮皮都沒有辦法清點自己的乳酪了，需要一個人幫助他清點自己的乳酪。

　　奇奇第二天早早起來，盡量把自己收拾得乾乾

淨淨，來到了小狗皮皮的屋子前面。奇奇順利地通過了小狗皮皮的考試，因為奇奇的數學能力遠遠超過皮皮。

奇奇花了整整一天的時間，終於幫小狗皮皮清點完了所有乳酪的數量。完事之後，奇奇又把皮皮的屋子打掃了一遍（這項工作並不在原先約定的工作範圍）。

小狗皮皮十分滿意，給了奇奇一塊乳酪，說道：「奇奇，好好做吧，你一定會擁有自己的乳酪的。明天我朋友小鹿也要清點她的乳酪，我幫你說一聲。」

奇奇連聲道謝。

「你不用謝我，你應當謝你自己。因為你『多做了一點』。」小狗皮皮說道，「記住了，多做了一點總是好的。」

「多做一點總是好的！」奇奇看著自己得到的第一塊乳酪，仔細品味著小狗皮皮的話。

六

「多做一點總是好的！」奇奇一直用這樣的觀念和態度幫別人幹活。奇奇得到了很多人的信任，一有工作就找奇奇做，奇奇終於每天都可以吃上一小塊乳酪了。

奇奇現在每天都有工作做，算是在「迷宮」裡站住腳了。奇奇再也不是一隻灰頭灰臉的垃圾老鼠了，因為他不再去「迷宮」的垃圾站找東西吃，也不在垃圾站或者街上睡覺了。奇奇自己租了一間小房子，也算是為自己在「迷宮」中安了一個窩。

現在的情形比以前好太多了，奇奇已經實現了自己離開垃圾場的第一個目標－－每天都有新鮮的

乳酪吃。如果是在垃圾場，奇奇一定很滿足了。但是現在情況不一樣了，奇奇現在是在「迷宮」呀。在「迷宮」裡每天都吃上新鮮的乳酪實在是太平常的事情了，就和垃圾場中的老鼠每天都可以吃飽一樣平常。奇奇可是一隻要強的老鼠，在任何地方都不願意成為一隻平凡的老鼠。奇奇想成為大熊一樣的「迷宮」大亨，擁有「迷宮」中最多最好的乳酪。

奇奇一直在思考有沒有更好的辦法動「誰」的乳酪。因為奇奇知道，用幫人家工作動人家乳酪的辦法，獲得的乳酪實在太少了。除了夠自己吃以外，幾乎剩不到一小塊乳酪。按照這樣的方式動別人的乳酪，奇奇永遠都不可能成為大熊一樣的「迷宮」大亨，甚至不可能像小狗皮皮一樣，擁有自己的乳酪。

奇奇很是苦惱，他真的沒有辦法獲得更多的乳酪，因為他必須每天工作才可以吃上一小塊乳酪，才可以住在自己的小房子裡。他甚至沒有時間和精

力去嘗試新的辦法。

不過，奇奇一直都沒有放棄自己想成為大熊一樣「迷宮」大亨的夢想，而最近更是堅定了自己的信念。前幾天，奇奇在幫人清點乳酪的時候，無意中聽說大熊剛來「迷宮」的時候也是一個灰頭灰臉的窮光蛋。大熊從森林出來的時候，甚至還不及自己，別說有一小塊乳酪，當時大熊連乳酪是什麼都不知道的。短短十幾年的時間，大熊從無到有，成為「迷宮」裡真正的大亨。

奇奇越來越崇拜大熊了，也堅信自己一定可以像大熊一樣成功。奇奇知道——信心是自己最大的財富，因為自己除了信心之外，什麼都沒有。如果不是信心的支持，奇奇現在最多就是「迷宮」垃圾站的老鼠，儘管「迷宮」的垃圾站比奇奇以前生活的垃圾場要好很多。

奇奇雖然很苦惱，但工作的時候絕對是兢兢業業的，而且一直保持著自己的優點——多做一點

點。很多人都有一個誤區——以為多做一點會吃虧
的，奇奇卻不這樣認為。因為它在「迷宮」中第一
次為小狗皮皮清點乳酪的時候，如果不是額外打掃
了小狗皮皮的屋子，小狗皮皮不大可能為自己介紹
小鴨唐唐的。奇奇當時就明白了一個道理——機會
都是在工作中出現的，尤其是自己多做了一點點的
時候。

七

今天，奇奇的工作是幫錦毛鼠清點乳酪。同往常一樣，奇奇很早就到錦毛鼠的屋子，開始為錦毛鼠清點乳酪。奇奇現在可是清點乳酪的高手了，除了清點乳酪，奇奇通常還要將不同的乳酪分類清點。這可是一般人不容易做到的，因為「迷宮」中乳酪的種類實在是太多了，清點乳酪的工作在「迷宮」是最簡單的「粗活」，是像奇奇這樣剛來「迷宮」者所做的工作，很多人以前甚至都沒有見過乳酪，要分辨不同的乳酪，對於他們來說實在太困難啦。奇奇可不一樣的，奇奇以前是垃圾場的老鼠，什麼樣的乳酪都是見過吃過的，差異僅僅是新鮮和

變質的問題。

　　錦毛鼠是一隻兩尺多長的大老鼠，身上的毛油光發亮，看上去根本都不像一隻老鼠，倒像是一隻黃鼠狼。錦毛鼠看到奇奇熟練地清點乳酪，並且能夠把乳酪正確的分類，感到十分奇怪。要知道，就算是在「迷宮」裡待了很久的，也不太可能對乳酪這樣熟悉。錦毛鼠就走到奇奇身邊，問道：

　　「小夥子，從哪裡來呀？」

　　「我是從垃圾場來的。」奇奇老老實實地回答，因為奇奇也不認為從垃圾場出來有什麼不好。

　　「垃圾場？垃圾場！」錦毛鼠詫異地叫道，都快把奇奇嚇著啦。

　　「是——呀。」奇奇摸不著頭腦，只好小心翼翼地說，「就是『迷宮』南邊的那個大垃圾場。」

　　「哈哈，真的嗎？那我們就是老鄉啦！」錦毛鼠大笑著說，「終於又有一隻垃圾老鼠出來了。」

　　奇奇馬上就想到了老老鼠提到的麻桿。麻桿幾

年前從垃圾場出來，也到了「迷宮」的。難道錦毛鼠就是麻桿？不太可能呀！如果錦毛鼠是麻桿，那麼胖老鼠豈不是和狐狸一樣大了。

「我也是從垃圾場出來的，我以前叫麻桿。」錦毛鼠親熱地拉著奇奇的手，「我們得好好聊聊。」

「您真的是麻桿呀！我就是聽老老鼠說起您的事情，才來『迷宮』的。」奇奇也特別高興，是太高興了，畢竟見著「親人」了呀！

「我呀，以前在垃圾場的時候很瘦的，所以叫麻桿。最近，呵呵，乳酪吃得多了點，成為大胖子了，該減肥啦。」錦毛鼠拉開了話匣子。

奇奇和錦毛鼠談了很多關於垃圾場的事情，儘管垃圾場比不上「迷宮」，但垃圾場是奇奇和錦毛鼠的家呀，關於家的記憶都是美好的。

話題轉到了奇奇的身上，錦毛鼠仔細聽了奇奇來「迷宮」之後的經歷和想法之後，尤其聽完奇奇激情地表達想成為大熊一樣的「迷宮」大亨的抱負

後，錦毛鼠沉思了很久，對奇奇說道：

「我本來想讓你跟著我的，以你的素質和能力，應當可以得到你的乳酪。但是你卻永遠不可能成為大熊一樣的『迷宮』大亨。」

「你遲早會在『迷宮』中擁有自己乳酪的，因為你已經具備了最重要的兩個前提條件。通常情況下，有了這兩個前提條件，再加上一點點的運氣，擁有自己的乳酪是必然的結果。」

「這兩個條件是什麼呢？」

「首先是想要獲得乳酪的企圖心。企圖心是想要實現理想的強烈願望和動力。你不想一輩子在垃圾場中做灰頭灰臉的垃圾老鼠；想每天都吃上新鮮

的乳酪；想成為大熊一樣的『迷宮』大亨。」

「強烈的企圖心使你不滿足於相對於以前更好的狀況，一次次調整自己的目標，一次次採取正確的行動。最重要的是－－強烈的企圖心能夠使你忍受尋找自己乳酪過程中的艱辛、痛苦、無奈、挫折和無聊。這些令人垂頭喪氣的詞彙可是遠遠大於字面的力量－－很多懷著理想的年輕人都被這些感覺打倒，早早放棄了自己的理想，成為了芸芸大眾中的一員。」

「其次就是信心。一隻幾個月前還在垃圾場吃腐敗食物的垃圾老鼠，現在居然堅信自己能夠成為大熊一樣的『迷宮』大亨！這是怎麼樣的信心呀！」

「其實道理也很簡單的，『迷宮』中一定會出現像大熊一樣的最成功的大亨。如果不是大熊，也會是別的什麼人，因為『迷宮』中確實存在這樣的一個機會。這可是一個最簡單的常識，只不過很多人忘記了這個常識。」

「我該搬誰的乳酪」的故事

　　「另外還有一個常識：由於大熊這樣的位置太顯赫，很多人，應當是很多很多的人都主動放棄了想成爲大熊的想法，因此實際的競爭往往小於很多人的想像。在『迷宮』中，想成爲小狗皮皮一樣的人太多了，多得都沒有辦法統計；而想成爲大熊一樣的『迷宮』大亨，總共也不會超過十個人的。」

　　「很多事情的眞實情況往往是最簡單的常識，簡單到大家都忽略了，甚至不相信了。因爲很多人都有把事情變得複雜的毛病。你沒有這樣的毛病，你要相信－－如果你想都想不到，又怎麼可能去做呢？如果你不去做，當然什麼都不可能得到。」

　　「我剛來『迷宮』的時候，和你現在一樣，靠幫人家做一些粗活得到一些乳酪。我當時很瘦的，吃的不多，就存下一些乳酪。以後看準機會，動了其他一些人的乳酪，成爲現在的樣子。」

　　「我在『迷宮』裡最多是成爲一個有乳酪的人，還要想辦法看住自己的乳酪。永遠都不可能成爲

53

『迷宮』大亨的。」

「奇奇，你想要成為大熊一樣的『迷宮』大亨，肯定不能走我的老路。所謂大亨，都是主流社會的成功者。奇奇，你現在最重要的就是要進入『迷宮』的主流社會。」

「什麼是主流社會呀？」奇奇真的不知道什麼是主流社會，只好打斷錦毛鼠的話。奇奇知道錦毛鼠在「迷宮」裡生活了很長的時間，而且成功地擁有了自己的乳酪，肯定是有幾把刷子的人。現在的談話，對於自己在「迷宮」的未來，應當具有重要意義。錦毛鼠和自己都是從垃圾場出來的，錦毛鼠一定會告訴自己一些最有用的東西，這是其他人永遠都不太可能告訴自己的事情。

「奇奇，在『迷宮』裡，所有的乳酪都是屬於某個人的，都是有人看著的。在『迷宮』裡，動人家的乳酪是不能搶的，這是『迷宮』裡最基本的遊戲規則。」

「動別人的乳酪有很多種方法，不同的乳酪也要用不同的方法。所謂『迷宮』的主流社會，就是擁有乳酪達到一定數量的人組成的群體。因爲他們擁有『迷宮』裡最多最好的乳酪，稍稍一變動乳酪的主人，都會出現新的『迷宮』大亨。」

奇奇一下子就興奮起來了，他似乎感覺到一條成功的大道出現在自己的面前。進入「迷宮」的主流社會，天天與「迷宮」中最多最好的乳酪在一起，動「誰」的乳酪當然要容易很多啦。

「怎樣才能進入『迷宮』的主流社會呢？」奇奇現在最想知道的答案就是這個。

「有兩個途徑。一種是像我這樣，再努力幾年，或許有資格進入主流社會，這是靠乳酪的實力。另一種嘛，就是到猴子聰聰那裡去學習，先掌握主流社會的遊戲規則，這是靠資歷。」錦毛鼠想了很久，盡可能用奇奇懂的話回答問題，因爲錦毛鼠真的想幫助奇奇。

　　奇奇早就知道很多人向猴子聰聰繳納很多很多的乳酪，進入聰聰的一間小屋子，聽聰聰講一些東西。由於剛來「迷宮」的時候，奇奇被狐狸滑滑騙過，所以他一直認爲猴子聰聰騙人的可能性很大。另外，自己也不可能有那麼多乳酪可以給猴子聰聰。所以，奇奇一直沒有仔細考慮這件事情。

　　「奇奇，如果你眞的想成爲像大熊一樣的『迷宮』大亨，你就必須到猴子聰聰那裡去學習，然後你就可以進入『迷宮』的主流社會，才有可能動誰的大乳酪。」錦毛鼠繼續對奇奇說道。

　　「但是，我現在沒有那麼多的乳酪給猴子聰聰呀。」奇奇遲疑地回答說。

　　「你有兩個選擇：第一，你從現在開始每天攢下一小塊乳酪，估計三年後你就有足夠的乳酪交給猴子聰聰了；第二個選擇是，向我借乳酪。」錦毛鼠看來眞的是奇奇的「貴人」呀，除了在觀念上指導奇奇外，還想直接幫助奇奇實現偉大的理想。

奇奇從來沒有向其他人借過東西，何況是這麼多的乳酪呀！奇奇很是猶豫，因爲奇奇從來都不想欠誰的情，希望完全依靠自己的努力實現理想。如果現在就向錦毛鼠借乳酪，似乎有點不妥當。

　　「孩子，」錦毛鼠完全明白奇奇心裡的想法，因爲它也是從垃圾場出來的，也經歷過奇奇現在的心路歷程，「在『迷宮』裡想要成爲大熊一樣的大亨，你要動多少人的乳酪呀！如果你連我的乳酪都不敢動，怎麼可能去動人家的乳酪呀！人家可不會主動讓你動自己的乳酪的喔。」

　　「我要告訴你一個秘密，這也是我在『迷宮』裡打拼多年後悟出來的。」錦毛鼠繼續引導奇奇，「成功的關鍵在於預算你的時間和乳酪！」

　　「成功的關鍵在於預算你時間和乳酪！」奇奇不自覺地重複錦毛鼠的話，然後斬釘截鐵地對錦毛鼠說，「好吧，你現在就把乳酪借給我。我明天就去猴子聰聰那裡。」

奇奇真是一隻聰明的老鼠，一隻要在「迷宮」裡做大事的老鼠。面對錦毛鼠的幫助，奇奇並沒有立即表示感謝，奇奇知道「大恩不言謝」的道理，行動是最好的感謝方式。奇奇心裡暗下決心，一定要向猴子聰聰好好學習，進入「迷宮」的主流社會，絕對不能辜負錦毛鼠對自己的期望。

八

　　猴子聰聰在「迷宮」裡是一個很有名氣的人物，據說年輕的時候自己紮了一個竹筏飄洋過海，學了好多好多的本領。

　　第二天，奇奇帶著從錦毛鼠那裡借來的一大堆乳酪，到了猴子聰聰的屋子。在屋子裡，貓咪東東也正在向猴子聰聰繳納乳酪。

　　猴子聰聰仔細清點了奇奇和東東的乳酪之後，帶著他們進了一間小屋。屋裡有很多很多的書，迎面的牆上有一句話——猴子聰聰改變你的命運！

　　「奇奇和東東，你們好！」猴子聰聰說道，「你們的乳酪都不錯，明天我也要出去旅遊了。因此，

我也不想浪費我的時間和你們的時間。以前我對其他人講三天三夜的東西，也不及下面的話重要。」

「我為什麼能夠改變你們的命運呢？」猴子聰聰指著牆上的話說道，「因為你們現在是我的入門弟子，只要是我的入門弟子，就可以進入『迷宮』的主流社會，就有機會動別人的大乳酪。從此你們不再是『迷宮』的普通人，而是『迷宮』的精英！」

「為什麼我的入門弟子就是精英呢？」猴子聰聰開始進入意氣風發的演講狀態，「這是我要告訴你們的聰聰規則的第一條－－精英都是有證書的。」

聰聰從一個櫃子裡拿出一大堆的證書，繼續說道；「這些證書都是我在海外獲得，它們能夠證明我是世界上一流的精英！『迷宮』裡再也沒有比我證書更多的人了，『迷宮』裡所有的大亨都相信我，相信我也就等於是相信你們！」

猴子聰聰又從櫃子裡拿出兩本證書，給奇奇一本，給東東一本，然後說道：「這是你們用乳酪換

到最有價值的東西，這就是你們是我入門弟子的證
書。有了這個證書，你們已經改變了你們的命運，
你們已經是『迷宮』的精英了！你們再也不用去做
幫人清點乳酪的粗活兒了，你們至少可以去幫大亨
們看乳酪。如果你們足夠聰明，甚至可以去幫人亨
動別人的乳酪，你們得到的乳酪是遠遠超出想像
的。」

「證書要收好，丟了我是不會免費補給你們的
喔。」猴子聰聰仔細叮嚀奇奇和東東。

「下面我要講述聰聰規則的第二條——精英必須
去做精英應做的事情！」猴子聰聰開始講述第二條
規則，「反過來說，就是很多事情必須是精英去做
的，儘管有些事情看起來實在太簡單，簡單得我們
都不認為是重要的事情了。」

「難道比清點乳酪更簡單嗎？」奇奇不明白，問
道。

「這不是同一種概念。事實上清點乳酪也不是一

個簡單的活兒。」猴子聰聰簡單地解釋了一下，繼續往下說，「聰聰規則的第三條－－乳酪越多的地方，越容易得到乳酪！」

奇奇一下子就明白了第三條規則的意義，「迷宮」的乳酪遠遠多於垃圾場，所以自己才可以天天吃到新鮮的乳酪。

但是東東還無法理解，他對猴子聰聰說道：「所有的乳酪都有人看著呀！越多的乳酪看的人越多呀！乳酪越多的地方，應當更不容易般動吧。」

「閉嘴！」猴子聰聰不耐煩了，「我的時間很寶貴的，不要耽誤我收拾行李的時間！聰聰規則是絕對正確的，至少在『迷宮』內是正確的。」

猴子聰聰看了奇奇和東東一眼，繼續說道：「證書我已經給你們了；聰聰規則也告訴你們了。這屋子裡有一些書，你們花點時間看看。我剛才的三條規則是最核心的東西，書裡的內容就是解釋我的規則。你們不要浪費太多的時間在這裡，明天你們

就去開始你們的新生活吧。記住了，現在你們已經
是『迷宮』的精英啦！」

奇奇和東東都沒有想到猴子聰聰這麼快就結束
了講話，奇奇以為猴子聰聰會像錦毛鼠一樣給自己
講很多很多的道理的，因為自己給了他那麼多的乳
酪。而且，除了聰聰規則的第三條自己明白之外，
前面兩條他是真的不明白。不過，奇奇認為，如果
第三條規則是正確的，前面兩條也應當是正確的，
只是自己現在不能理解罷了。

東東更是茫然，因為他一條規則都沒有聽懂。
為了對得起交給猴子聰聰的乳酪，奇奇和東東只好
拼命地看書，試圖彌補一些損失。

奇奇和貓咪東東出了猴子聰聰的屋子，手裡拿
著有猴子聰聰簽名的證書，突然變得有些意氣風
發，因為他們花了那麼多的乳酪，才換得了這份證
書，而且，按照猴子聰聰的說法，他們現在已經是
「迷宮」的精英了。

　　奇奇和東東相互鼓勵，並且約定有機會相互提攜之後，就分手各自回家了。

九

奇奇回到自己的屋子，仔細看了很久猴子聰聰給自己的證書，開始考慮明天該做什麼。繼續去幫人清點乳酪肯定是不對的，因為自己就是不想永遠替人家清點乳酪才向錦毛鼠借了那麼多的乳酪，去猴子聰聰那裡學習的。

到底該怎麼辦呢？奇奇仔細考慮猴子聰聰的三條規則：

聰聰規則的第一條：精英都是有證書的。

聰聰規則的第二條：精英必須去做精英應做的事情！

聰聰規則的第三條：乳酪越多的地方，越容易得到乳酪！

　　第一條儘管不是很明白，但是「迷宮」最有價值的證書就在自己的手上，這一條暫時可以不考慮。

　　第二條也不明白，但是有一點奇奇是明白的，就是肯定不能繼續替人家清點乳酪。

　　第三條嘛，奇奇有一定的體會，但是好像和明天到底做什麼也沒有什麼直接的關係。

　　奇奇想了半天也沒有頭緒，又開始想起自己的理想了——要做大熊一樣的「迷宮」大亨。想到大熊，奇奇突然明白了自己明天應當做什麼。奇奇真的是一隻絕頂聰明的老鼠！

　　聰聰規則的第三條是「乳酪越多的地方，越容易得到乳酪！」，「迷宮」中乳酪最多最好的地方就是大熊的屋子呀！明天的去處就是大熊的屋子。

　　想著要與自己的偶像見面，奇奇真的太興奮了，根本都睡不著覺。看著天已經亮了，奇奇乾脆起床，找出最好的衣服，把自己收拾得盡量看起來

像個精英。

奇奇來到大熊的屋子前，真的是太好了！奇奇把證書拿在手上（奇奇覺得這是應用聰聰規則的第一條的最好方式），真的毫不費勁的就見到了「迷宮」最大的大亨－－大熊！

大熊是一個慈眉善目的老頭，一點都沒有大亨的架子，甚至沒有小狗皮皮的架子大，但是卻自然有一種威嚴。奇奇總算見識到真正的大亨了。

「你為什麼找我？」大熊問奇奇。

「我能夠幫你動別人的乳酪。」奇奇冷靜地回答。昨天晚上奇奇已經設想過大熊可能會提出的問題。

「你的理想是什麼？」大熊的第二個問題。

「希望成為像你一樣的『迷宮』大亨。」奇奇覺得這是最合適的回答。

「好。我們正在計畫動老虎壯壯的乳酪，並且想把他永遠趕出迷宮。現在正需要人手，你來的正是時候。」

奇奇就這樣加入了大熊的隊伍，憑藉自己的聰明和努力，奇奇很快就脫穎而出，成為「迷宮」內一顆冉冉升起的明星。

＋

　　奇奇兩年內可真的沒少幫大熊做事情，幫著大熊動了很多很多人的乳酪。大熊的乳酪越來越多，奇奇的乳酪也越來越多，遠遠超過了錦毛鼠，更不用說是小狗皮皮了。當然了，奇奇的名氣也越來越大，一提到大熊，大家都會順便提起奇奇。

　　奇奇現在是「迷宮」裡的人物了，但是他並不滿足，因為他並沒有忘記自己的理想－－成為大熊一樣的大亨。奇奇現在已經有很多很好的乳酪了，但是比起大熊來，還是差得很多很多的。奇奇覺得自己又一次走到了人生的十字路口。

　　奇奇現在掌握了幾乎所有動人家乳酪的方法，

奇奇認爲自己繼續跟著大熊已經沒有什麼重要的意義，奇奇覺得應當自立門戶了。

奇奇想在「迷宮」裡打造自己的乳酪帝國，只有這樣才可能成爲大熊一樣的「迷宮」大亨。奇奇也知道，打造一個新的乳酪帝國，僅僅依靠自己一

個人是不可能的，必須有夥伴幫助，例如錦毛鼠、
貓咪東東，甚至是所有可能幫助自己的人。

　　奇奇到底該如何選擇呢？

　　其實，奇奇的選擇並不重要，因為他現在有太
多的選擇，而且每一個選擇都很不錯。

　　反正奇奇繼續在「迷宮」裡生活著，繼續演繹
著老鼠奇奇的故事，一個經典的夢想與成功的故
事。

指點迷津

WHOSE CHEESE SHOULD I MOVE

一、「迷宮」時代的本質

現在是什麼時代？或許最好的回答是——現在是「迷宮」時代。

我們沒有辦法選擇我們生活的時代，只能去適應我們生活的時代，所以，我們要理解「迷宮」時代的本質。

很多人都玩過「迷宮」的遊戲，遊戲其實很簡單的。只要從「迷宮」的入口進去，再從「迷宮」的出口走出來就成功了。

遊戲與生活最大的區別是什麼呢？

遊戲可以反複地玩，這次不行，沒有關係，按下開始鍵，重新開始好了；想結束了，就不玩了，一走了之；想再玩了，就回來，反正是遊戲。

生活則不一樣，生活只有一次。只要是開始，就要一直「玩」下去，不能從頭來過，也不能隨便結束。

　　「迷宮」遊戲與生活有兩個根本的差異。首先，遊戲進入「迷宮」走出「迷宮」就可以了；生活則是要永遠留在「迷宮」裡。其次，遊戲中通常只有一個人在「迷宮」尋找道路，面對的是固定的大門和牆壁；生活的「迷宮」則是有無數的人在「迷宮」裡遊蕩，他們相互影響，而大門和牆壁也不是固定的，「十年河東，十年河西」就是最好的說明。

　　老鼠奇奇去的「迷宮」其實就是我們的生活。每一個人都要進入「迷宮」，再從「迷宮」裡出來，人生的軌跡就是出入「迷宮」的道路。玩遊戲的時候，

我們可以不停地嘗試從這扇門進入，如果是死胡同，我們再退出來，換一扇門再進去，我們擁有無限的時間和資源支持我們不斷地嘗試。

事實上，你只要有足夠的耐心，所有的「迷宮」遊戲都是可以過關的。生活則不同，我們的時間是有限的，我們需要吃飯睡覺才能繼續行走，當然還要穿衣服。當你選擇這扇大門的時候，有人肯定會選擇另外一扇大門，或許他進去之後，順手會關上這扇大門；你可能永遠都沒有機會再進入另外一扇大門，或者付出巨大的代價才可以進入。因此，玩「迷宮」遊戲的基本方法是嘗試；而生活的關鍵則在於選擇恰當的路線。

很多「迷宮」遊戲有俯視的功能，你可以清楚地找出自己在「迷宮」的位置，並且找出一條恰當的路線。要是生活也有這樣的功能該多好呀，「前途是光明的，道路是曲折的」這樣的說法肯定不會出現了。

不容置疑的事實是——只要是「迷宮」，就一定會有最合適的路線的！生活的「迷宮」也不例外。

老鼠奇奇在「迷宮」的經歷應當就是「迷宮」最合適的路線。他從一隻灰頭灰臉的垃圾老鼠到「迷宮」的乳酪大亨，中間幾乎沒有什麼彎路。其實，「我該搬誰的乳酪」闡述的也就是「迷宮」時代的最成功路線。老鼠奇奇都可以成功，我們當然也可以成功的。

「迷宮」時代的本質：

1. 「迷宮」時代是一個巨大複雜的生存環境，
特定的個人一輩子都只能在「迷宮」的一小
塊區域生活。

2. 「迷宮」時代再複雜，也是一個「迷宮」，一
定有最合適的路線。

3. 「迷宮」時代不是單人遊戲，是無數人同時
在玩的一個遊戲。

4. 「迷宮」時代是一個選擇的時代。成功的關
鍵不在於你是否努力，而在於你選擇了什
麼。

5. 「迷宮」裡現有的乳酪都是有人看著的，得
到乳酪的唯一途徑是——動別人的乳酪。

二、「不滿意」是機會的種子

老鼠奇奇爲什麼能夠從一隻灰頭灰臉的垃圾老鼠變成「迷宮」的乳酪大亨？他爲什麼總是能夠尋找和把握「迷宮」裡的機會？因爲老鼠奇奇從來都沒有眞正「滿意過」。

奇奇不滿意垃圾場的生活，儘管垃圾場生活得很愜意；奇奇不滿意做「迷宮」垃圾站的老鼠，儘管吃到的乳酪遠遠比垃圾場多；奇奇每天都可以吃一小塊乳酪，有自己住的屋子還是不滿意，他不想成爲「迷宮」裡一個普通人；奇奇成爲「迷宮」精英社會的新星也不滿意，因爲他想成爲大熊一樣的乳酪大亨 EF

這山望著那山高，人心不足蛇吞象，這是過去

時代諷刺人類欲望的話語。而在「迷宮」時代——什麼都可能發生的時代，則是培育機會種子的良方！

追求更美好的生活是每一個人的願望，這個願望促使我們不斷地審視自己已經擁有的一切；促使我們不斷地問自己——能否更好一點點。最終，促使我們睜大眼睛，去尋找更好的機會。

滿足現狀在很大程度上是自我放棄的一種冠冕堂皇的藉口，是對未來的恐懼。奇奇如果滿足現狀，他完全可以做一隻愜意的垃圾老鼠，甚至是「迷宮」精英社會的新星；但是他絕對不可能成為像大熊一樣的「迷宮」大亨。

「不滿足」是渴望成功的心靈在喚醒你心靈的力量，呼喚你睜開你的慧眼，去發現「迷宮」的機會。要知道，「迷宮」是一個巨大複雜的環境，如此巨大複雜的環境一直在變化，任何變化都會伴隨著無數的機會。以前的死胡同今天或許就是一個充

滿乳酪的寶庫。

在「迷宮」時代，滿足是致命的弱點！

「迷宮」裡絕對不是你一個人，而是無數的人。「滿足」的你，通常會有一些乳酪。你滿足自己已經擁有的乳酪，但是，「迷宮」裡其他的人可能並不滿足，他們一直是虎視眈眈盯著你的乳酪。

「迷宮」時代的人生是一條不歸路，沒有回頭，也沒有暫停，根本不可能給予你「滿足」的機會。滿足的你，只有一種結果－－別人拿走了你的乳酪！

「迷宮」時代是一個創造夢想、實現夢想的時代，只有不滿足的人才會有夢想。如果你沒有了夢

想，你還有什麼呢？

「不滿足」是一種積極的心態，是積極進取、努力奮鬥的心態。在軍事競爭法則中，有一條最基本的原理－－進攻是最好的防守！守住你的乳酪不如去動別人的乳酪。

在「迷宮」時代，機會永遠都不會主動叩響你的大門。從你的眼前一晃而過已經是你的幸運了。如果你滿足於已經擁有的乳酪，你的注意力一定在自己僅有的乳酪上，沒有功夫去看一眼一晃而過的機會；如果你不滿足，你的注意力一直在「迷宮」裡遊蕩，一晃而過的機會肯定能夠被你認出來。

「不滿足」是機會的種子：

1. 在「迷宮」時代，滿足是致命的弱點！滿足的你，只有一種結果——別人拿走了你的乳酪！

2. 守住你的乳酪不如去動別人的乳酪。

3. 「迷宮」時代是一個創造夢想、實現夢想的時代，只有不滿足的人才會有夢想。

三、所有的乳酪都是有人看著的

奇奇來到「迷宮」的第一天，就發現了一個事實——所有的乳酪都是被人看著的。其實這也是「迷宮」時代的基本事實。

很多人都有一個誤解－－以爲機會都是創新產生的。事實上並不是這樣的，99.9%的機會是現實存在的，只有不到0.1%的機會是創新產生的。用這個觀點理解機會，你會重新認識到在你身邊其實有很多機會的。

很簡單的道理，獲得乳酪有兩種基本的途徑：一種是自己製作乳酪；另一種則是動別人的乳酪。製作乳酪在「迷宮」時代是一件過於複雜的事情，而動別人的乳酪相對就容易多了。

「迷宮」時代有無數的人在玩同樣的遊戲，都想在「迷宮」裡獲得自己的乳酪。「迷宮」的乳酪再多，也不會有人的欲望多，因此，「迷宮」時代所

有的乳酪都是有人看著的。

對於我們來說，乳酪就是一份有前途的工作、一套舒適的房子、一輛漂亮的車子、一份自己的事業，甚至是一個可愛的愛人。很明顯的，對於新進入社會的年輕人來說，這些好東西都是有人看著的。

有前途的工作肯定是沒有空閒的，因為有太多的人想獲得這樣的機會；舒適的房子肯定不會白給你的，因為你絕對不能提供一個合適的理由而白白獲得一間房子；車子也是同樣的道理，儘管在不斷地降價，也不會白給的；自己的事業，那是要自己去奮鬥、去創造的，是打拼出來的呀；至於可愛的情人，誰都想要，優秀的人怎麼會閒著呢？

所有的乳酪都是有人看著的，似乎新來者永遠都沒有機會獲得自己的乳酪了。真的是這樣嗎？答案當然是否定的，因為有太多的新來者獲得了自己的乳酪，甚至是更多的乳酪。

　　如果你足夠仔細，你一定會注意到，我們是說所有的乳酪都是有人「看著」的，也就是說大家都是乳酪的臨時主人。很多人或許因為有了更好的乳酪而發棄了現在的乳酪；也有很多人被別人拿走了自己的乳酪。

　　理解了這一點，你完全可以大大鬆一口氣了。儘管所有的乳酪都是有人看著的，你還是有機會的。

　　對於剛進入社會的新人來說，開始的時候只會看到「迷宮」裡到處都是各式各樣的乳酪，以為這些乳酪都是可以隨便拿的。很多人進入公司沒有幾天，就想作公司的ＣＥＯ；看到自己的上司一點點缺點，就以為自己一定比他強，一定可以取代他；經常痛恨老闆怎麼就沒有發現自己這匹千里馬呢？

　　我有一個朋友就是這樣的。在學校的時候，品學兼優，立志要闖出一番事業。畢業之後，進入了一家中型企業，得到了老闆的重視。

在他的眼裡，這家企業簡直就是一無是處，到處都是毛病，儘管這是一家在市場上有一定影響力而且收益豐厚的企業。進入企業不到一個月，各種建議就提了不下一百條，經常對企業的其他工作人員比手畫腳，說三道四。老闆開始的時候器重他的熱情和才華，不斷地為他惹的麻煩做各種善後工作，直到兩個月後，他向老闆提出了一份報告，列舉了現任副總經理的多項缺點，直接毛遂自薦，要出任公司的副總經理。副總經理忍無可忍，向老闆攤牌，不是他自己離開；就是讓這個自以為是的毛頭小子滾蛋！

最後的結果大家都猜到了，走人的肯定不是副總經理，而是我的這位朋友。

我這位朋友深受打擊，因為從他的內心來說，他所有的行為和想法都是為了公司好，一點點的私心都沒有（年輕人的理想主義），最後卻得到這樣的結果，實在是不能理解和接受。

　　我的這位朋友當時太年輕了，幾年之後，當他成爲另外一家公司的總經理的時候，再談起當時的情況，說出了下面的一席話：

　　對於一家有營利能力的企業所有員工來說，工作就是他們的乳酪。企業能夠賺錢，員工當然也能夠賺錢，他們都是企業的既得利益者，他們肯定會努力地看住自己的乳酪！

　　我當時是沒有任何私心，沒有想過要動誰的乳酪。但是，我的所有行爲給所有的員工帶來了危機感，他們認爲我要動他們的乳酪，至少會影響他們的既得利益。當我提出自己要取代副總經理的時候，的確是明目張膽地動公司裡最大的一塊乳酪，我沒有意識到，而副總經理當然意識到了。

　　副總經理當時別無選擇，只有趕走我，才能看住他的乳酪。因爲他採取了很極端的處理手段，用攤牌的方式迫使老闆炒我的魷魚。因爲他很清楚，不採取這樣極端的手段，老闆多半會把我留下，因

為老闆真的很器重我的才華。而只要我留在公司，
副總經理的乳酪就一直處於相對危險的狀態。

我忘了「迷宮」時代最基本的一條規則——所
有的乳酪都是有人看著的！

很多年輕人都在重複我這位朋友同樣的錯誤，
這是他們經常碰壁的關鍵原因，因為他們不知道所
有的乳酪都是有人看著的，他們輕易的，甚至是無
心的，去動別人的乳酪。結果就像老鼠奇奇一樣，
只能被山羊扁一頓，一腳踢出去！

　　如果你真的理解了這一點，就不會在剛進入社會的時候有太多的迷茫。你知道所有的乳酪都是有人看著的，他們一定會竭盡全力看住自己的乳酪，你不會輕易地去動別人的乳酪，你也就不會輕易遭受大的挫折。

　　當然，無從下手的感覺也很讓人挫折，甚至也會導致迷茫。還是看看老鼠奇奇吧，仔細觀察，熟悉了「迷宮」之後，一定可以找到動別人乳酪的有效方法，例如幫人家清點乳酪。

所有的乳酪都是有人看著的：

1、「迷宮」時代所有的乳酪都是有人看著的。

2、大家都是乳酪的臨時主人。

3、不要輕易去動別人的乳酪。

四、天上不會掉乳酪

看完「我該搬誰的乳酪」這個故事，相信所有的人都會記住狐狸滑滑的忠告——天上不會掉乳酪！

很早以前，一個研究東西方文化差異的朋友給我講過一個很有意思的小故事。

一個東方的學者和一個西方的學者一起聊天，雙方談起東西方文化的差異，海闊天空談了半天，也沒有談出個所以然。

最後，西方學者對東方學者說：「你能否用一句話概括東方文化的本質？」

「沒有問題。」東方學者接受了西方學者的挑戰，「『己所不欲，勿施於人』這句話就是東方文化的本質。」

西方學者認可了這個說法。東方學者反過來要求西方學者也用一句話概括西方文化的本

質。

「沒有問題。」西方學者也接受了挑戰，「就是『天上不會掉乳酪』！」

東方文化強調人際和諧和自律，「己所不欲，勿施於人」的確基本概括了其文化的本質。西方文化強調個人奮鬥，「天上不會掉乳酪」也基本上概括了其文化本質。

很奇怪的是，在「我該搬誰的乳酪」這個故事中，狐狸滑滑居然用「天上要掉乳酪」這樣滑稽的理由騙了那麼多的人和那麼多的乳酪。看來很多人還是不相信這條「迷宮」法則的。

所謂「天上掉乳酪」其實就是白撿白得，當然是不可能發生的事情。問題在於，為什麼很多人還是相信天上會掉乳酪呢？

誰都想獲得更多更好的乳酪，動別人的乳酪可不是一件輕鬆的事情。有欲望沒有行動或者沒有能力，只好幻想天上掉乳酪了。

　　想想是可以的，但是千萬不能當眞了。因爲如果你眞的相信天上會掉乳酪，你一定會坐在家裡等著的。既然這樣容易就可以得到乳酪，沒有道理要費盡心思去動人家的乳酪的。

　　這樣太危險了，你以爲自己掌握了世界上最好的機會。你不會再去考慮尋找和把握機會的問題，你甚至會放棄一些已經擁有的機會。你堅定地相信天上會掉下世界上最好的乳酪，爲了騰出地方存放世界上最好的乳酪，扔掉自己已經擁有的乳酪不是不可能的事情。

　　當然，「天上掉乳酪」通常和眞正的機會一樣，也是要喬裝打扮的。狐狸滑滑在剛開始的時候，也沒有直接說「天上掉乳酪」。狐狸滑滑說的是「天大的好消息！天大的好消息！想吃世界上最好乳酪的跟我來呀！而且是免費的呀！」

　　當狐狸滑滑換了一個說法之後，上當受騙的人就開始出現了。要知道，人都是貪婪的呀！

　　說來眞的很可笑，我曾經就上過「天上會掉乳酪」的當，相信很多人也上過同樣的當。不過，我要聲明的一點是－－我當時的確很年輕。

　　我剛畢業的時候，進入一家私人企業工作。我應當算是一個人才的，除了有工作熱情，還腳踏實地地工作，深得老闆的信任和器重。

　　這家私人企業正處於二次創業的階段，正是需要人才的時候。不過有一個問題，老闆給予我的報酬相對於我的能力和工作業績，是很不令人滿意的。原因很簡單，老闆以前眞的沒有聘請過報酬很高的員工，老闆自己創業的過程很艱苦，確實是把一分錢掰成兩瓣花的。我是這家公司有史以來報酬最高的員工了。或許就是老闆暗地裡咬著牙給確定下來的。

　　老闆看出了我的不滿意，找了一個合適的機會跟我談話。首先大力稱讚了我的能力，然後說道：

　　「你在公司裡做一定大有前途的！儘管現在的條

件不是很好，但是對於你這樣的人才我是有安排的。在恰當的時候，我會解決你的住房問題的。」

天哪，一間房子！對於一個剛出校門的年輕人來說，我還真的沒有這樣早考慮房子的問題。我最多想的就是每月能夠多一些錢。

老闆的這次談話太有效果了，我像拼命三郎一樣努力工作著。直到有一天，我突然意識到一個很有意思的事實－－老闆自己都還沒有買房子呢！

我不能說老闆是有意欺騙我，或許他向我描繪我的幸福生活的時候絕對相信他自己一定會那樣做的。我們都有過真誠表達某個願望的時候，儘管我們不知道是否有足夠的能力去實現願望。

事實上，從公平的角度來說，我要求在很短的時間內老闆為我買房是不合理的，因為這個要求超過了我對公司的貢獻。如果我能夠冷靜地理解自己和老闆，我是不會真的相信老闆美好的願望的。

而年輕的我，把老闆美好的願望和自己對未來

的憧憬當成了真實的承諾，事實上，這個承諾與「天上掉乳酪」沒有本質的差異。我其實就是相信了「天上要掉乳酪」的甜美謊言。

明白這一點後，我才從根本上理解了「天上不會掉乳酪」本質－－超過你的付出和能力的回報都是天上掉乳酪的陷阱！

「迷宮」時代是公平和公正的，基本的遊戲規則就是你付出多少就得到多少。如果期望的回報超過你的付出，你就是相信「天上會掉乳酪」！

狐狸滑滑都說了，天上不會掉乳酪的，你一定要記住。

天上不會掉乳酪：

1、當狐狸滑滑換了一個說法之後，上當受騙
   的人就開始出現了。

2、如果期望的回報超過你的付出，你就是相
   信「天上會掉乳酪」！

五、多做一點總是好的

老鼠奇奇想不成功都不可能，因為他知道「多做一點總是好的」。

在通常情況下，多做一點總是可以獲得更好的工作業績或者是更好的結果，只有創新才可以改變這個規律。

好逸惡勞是人性本惡的觀點，事實上在很大程度上，也的確是人的特性。誰都願意少做一點而不是多做一點。

如果你不想成為芸芸大眾中一員，你就必須克服自己身上「好逸惡勞」的弱點，你必須像老鼠奇奇一樣，用「多做一點總是好的」的觀念和態度去行動！

為什麼「多做一點總是好的」呢？主要是有以下幾個原因：

首先，很多人都不願意吃苦，都不願意多做一

點。如果你多做一點，就會很容易突顯自己，你就和一般人不一樣了。在男女關係中有這樣一個說法－－好女怕滷纏，所謂滷纏實際上就是多做了一點罷了。

其次，大善大惡的人是很少見的，通常都有善良的一面。如果你為老闆工作的時候，多做了一點，他一方面覺得自己佔便宜了，這是人性惡的方面；另一方面，他也會覺得多少欠你一些，以後有適當的機會就會回報你，這是人性善的一面。如此這般，多做一點實際上是在為自己的未來做投資。老鼠奇奇幫小狗皮皮清點乳酪的時候，順便打掃了屋子，小狗皮皮既不想多給奇奇一小塊乳酪，但是也覺得不好意思，因此就推薦奇奇幫小鹿清點乳酪。這樣的結果是皆大歡喜的。

多做一點能夠快速提高你的能力。俗話說，「熟能生巧」，多做自然就會熟悉，自然就會有本事。

多做一點總是好的：

1. 好女怕濫纏，所謂濫纏實際上就是多做了一點罷了。

2. 多做一點實際上是在為自己的未來做投資。

六、機會總是在行動中出現的

奇奇很早就明白了一個道理——機會總是在行動中出現的。

「迷宮」時代是一個快速變化的時代，變化的過程中通常伴隨著各式各樣的機會。小的變化產生小機會，大的變化出現大機會。只要是有變化，就會有機會。

如何把握變化產生的機會呢？最好的方式就是隨著變化一起行動。當你隨著變化一起行動的時候，你能夠直接感受變化的細節，進而理解變化的本質，其中的機會也就瞭如指掌了。

只有行動才能尋找和把握機會的，老鼠奇奇如果不是幫著很多人清點乳酪，他是不可能遇到錦毛鼠的；如果不遇到錦毛鼠，老鼠奇奇的成功可能要延遲很長的時間。

我有一個非常聰明的朋友，真的非常聰明，絕

大多數的事情，很多是相當複雜的事情，他很快都能夠理解其中的關鍵。這樣聰明的人，在「迷宮」時代應當是大有作爲的。不能總像老鼠奇奇一樣成爲「迷宮」大亨，至少也應當是小有成就的。奇怪的是，他一直徘徊在成功的邊緣，到現在也是碌碌無爲的狀態。

我曾經仔細分析過是什麼原因導致他處於這樣尷尬的境地，其實他在機會來臨之前總是能夠洞燭機先，但卻每次都錯過了。事後看來，其中任何一個機會如果把握住了，他都應當獲得相當的成就。

是什麼原因導致他總是與機會擦肩而過呢？答案其實很簡單，因爲他從來都沒有眞正行動。所有的機會僅僅停留在他的腦中、嘴上，最多是紙上（寫一個詳盡的策劃案而已）。一次次的重複，他越來越擅長紙上談兵，也越來越失去了行動能力。或許他永遠都失去行動力了，永遠都不可能獲得眞正的成功。

曾經問過他為什麼不行動。他的回答很有意思——「我在看到機會的同時，也看到了風險。」或許是他太聰明了，在推演風險的過程中，已經被風險徹底嚇倒了。

老鼠奇奇也很聰明，同時也是一隻具有高度行動力的老鼠。在垃圾場的時候，聽說「迷宮」裡到處都是乳酪的時候，想都沒有多想，直接就離開了熟悉的垃圾場，奔向「迷宮」。如果奇奇也考慮是不是能夠在「迷宮」裡找到吃的住的，能否生存下來，他或許就不會離開垃圾場了。遇到錦毛鼠，奇奇認定自己必須到猴子聰聰那裡去學習的時候，同樣也沒有猶豫，接受錦毛鼠的幫助，第二天就去猴子聰聰的屋子報到。

奇奇只要意識到這是機會的時候，從來都沒有再想過其他的事情，有的只是行動、行動、再行動！

機會從來都是在行動中出現的。「迷宮」時代

的人才爭奪戰最能夠說明這條成功法則。

　　根據研究報告，一個人想要快速提高自己的薪資水準，最好的途徑是不斷地跳槽。跳槽通常伴隨著薪資水準的快速提高，遠遠超過在特定企業中正常升遷和加薪導致薪資提高的速度。原因很簡單，水往低處流，人往高處走，如果沒有明顯的收益差異，人通常會選擇留在熟悉的地方。

　　跳槽通常是與「挖牆角」聯繫在一起的，似乎與我們現在討論的觀點沒有什麼直接的聯繫。簡單看來是這樣的，但是卻有本質上的聯繫。

　　特定企業想要尋找高級人才的時候，儘管理論上選擇的餘地很大，實際上選擇的餘地很小很小，甚至小到只有幾個人選。為什麼會出現這種情況呢？因為相關的行業經驗特別重要。而在特定的行業中，優秀的人才是屈指可數的。

　　美國二十世紀８０年代後期的時候，在企業界曾經出現過一個有趣的現象。當時企業紛紛建立自

己的內部電腦網路。在這個過程中，總經理們發現原來的電腦主管把事情弄得十分糟糕，各部門以前都是電腦單機，根本沒有考慮現在要建立內部網路的問題。無論是硬體配置還是軟體的選擇，很難適應聯網的要求。總經理們認定是電腦主管不稱職的原因造成的，紛紛炒掉原來的電腦主管，去尋找稱職的新主管。當時電腦主管的人才非常有限，有意思的情況就出現了，這家被炒掉的電腦主管被另外一家企業相中，反正就是出現了電腦主管的大換班，因為當時全美國就這些人可以勝任電腦主管的工作。當然，在這個大換班的過程中，電腦主管的平均薪資水準也提高了很多，並且在公司中扮演更加重要的角色。

優秀人才都是企業內，甚至是行業內的活躍分子，他們不斷地在行動，行動提高了他們的工作能力；進一步擴大了他們的活動領域；他們自然而然地進入了獵人頭公司的資料庫，成為了「挖牆角」

的目標。

　　工作中是這樣，其他方面也是這樣。就拿朋友相處來說吧，機會也是在行動中產生的。在維護和發展友誼的過程中，行動具有不可替代的作用。再好的朋友，長期不聯繫，感情自然就會疏遠，更談不上相互提攜，或者認識朋友的朋友，擴大關係網路了。

機會總是在行動中出現的：

1. 如何把握變化產生的機會呢？最好的方式就是隨著變化一起行動。

2. 奇奇只要意識到這是機會的時候，從來都沒有再想過其他的事情，有的只是行動、行動、再行動！

七、尋求外援

「外援」大家都知道，就是中國足球場上的外國運動員。

在這裡當然不是這個意思，是指尋找和借助外部力量，幫助自己突破人生道路上的瓶頸。

「迷宮」時代絕對不是什麼單槍匹馬的獨行俠時代。中國傳統文化中一直有「貴人」的說法。所謂「貴人」就是能夠幫助自己解決重要問題，甚至改變人生道路的關鍵人物。

對於因為渴望成功而不停尋找機會的老鼠奇奇來說，錦毛鼠是不折不扣的「貴人」。在老鼠奇奇成功的歷程中，錦毛鼠起了重要的作用。錦毛鼠除了指導奇奇成功的道理之外，還主動借給奇奇大量的乳酪，幫助奇奇到猴子聰聰那裡去學習，從而使奇奇進入新的發展領域。

可以毫不誇張地說，老鼠奇奇的命運是由垃圾

場的老老鼠和「迷宮」的錦毛鼠引導和改變的。如果不是垃圾場老老鼠的指點，老鼠奇奇或許一輩子都只能做一隻灰頭土臉的垃圾老鼠。同樣的道理，如果不是錦毛鼠的引導和資助，老鼠奇奇或許只能在「迷宮」裡安身立命，最多有小狗皮皮那樣多的乳酪；即使老鼠奇奇最後自己悟出「迷宮」大亨的成功之道，再積累出足夠給猴子聰聰的乳酪，大概也是三年、四年，甚至十年之後的事情了。錦毛鼠在奇奇成功的過程中，至少幫助奇奇提前了三年的時間。

「貴人」的說法有些含糊，容易誤導沒有人生經驗的年輕人，以為有了什麼「靠山」，就可以輕易地獲得成功，從而放棄自己的努力，最終掉入「天上掉乳酪」的陷阱了。

從尋找和把握機會的角度來看，「貴人」的意義在於尋求外援，實質上是從自身以外尋找發展的機會。

　　一個很明顯的常識，特定機會的出現和把握通常是與特定的人緊密聯繫的，就如同奇奇和老老鼠、錦毛鼠的聯繫一樣。這一點往往被很多人所忽略。很大程度上，如果不能將特定的機會與特定的個人聯繫起來，機會通常是難以明確定義、正確評估，進而牢牢把握的！這就是尋求外援的關鍵意義所在。找到外援的認可和支持，就是進入了機會的大門。

　　世界上所有的生意經中都有「借雞下蛋」的訣竅，尋求外援就是經營人生中的「借雞下蛋」。很多人有一個誤解，以為尋求外援僅僅是獲得物質上的支持，就如同誤以為生意上「借雞下蛋」僅僅是借錢。

　　中國有句古話：授人以魚，不如授人以漁。就是說送給別人兩條魚吃一頓，還不如傳授給別人打漁的技術。這是站在幫助別人的角度來說的。如果站在尋求幫助者的角度來說，當然是「得人以魚，

不如得人以漁」了。

我們經常把人生重要的時刻稱為「人生的十字路口」，選擇決定了我們未來的人生歷程，而且我們只有一次選擇的機會。在這個時刻，如果出現錦毛鼠一樣的「貴人」，的的確確是人生的一大幸事。更進一步，很多時候我們是被迫選擇一條不盡如人意的道路，因為當時我們不能支付選擇的代價。很多人因為貧困或者其他的原因被迫放棄學業就是例證。在這個時候，如果能夠得到足夠的支持，人生的道路就會順利很多。

其實，在「迷宮」時代尋找和把握機會的過程中，幾乎所有的機會都是與外援緊密相關的，無論是機會不小心露出的蛛絲馬跡（老老鼠告訴奇奇「迷宮」的存在）；還是評估分析同時出現的機會價值（錦毛鼠為奇奇指點迷津）；甚至是把握特定的機會（錦毛鼠資助奇奇去學習）。

尋求外援：

1. 所謂「貴人」就是能夠幫助自己解決重要問題，甚至改變人生道路的關鍵人物。

2. 特定機會的出現和把握通常是與特定的人緊密聯繫的。

3. 成功的最佳途徑就是緊緊地跟在巨人的後面。

八、成功的關鍵在於
――預算你的時間和資源

　　奇奇的選擇是成就大事人物的選擇，奇奇選擇
了接受錦毛鼠的幫助，因為他理解了「成功的關鍵
在於預算自己的時間和資源」。

　　為什麼成功的關鍵在於預算你的時間和資源
呢？

　　成功的人生和成功的企業是同樣的道理，在
「迷宮」時代，任何個人和企業的時間和資源都是有
限，而可能成功的機會與途徑是無限的。有限的時
間和資源面對無限的機會和途徑，合理的選擇和規
劃就成為用最小的成本和最短的時間獲得最大成功
的唯一途徑。

　　很明顯，奇奇選擇接受錦毛鼠的資助就是一個
成功的範例。如果奇奇選擇自己累積進入「迷宮」
主流社會的乳酪，他獲得的唯一好處就是沒有負債

（不欠錦毛鼠的乳酪也不欠錦毛鼠的情），代價則是
三年甚至更長的時間。當他選擇了接受錦毛鼠的幫
助後，儘管他負債了，但是奇奇贏得了時間。同樣
三年的時間，奇奇不但可以償還自己的負債，也擁
有自己的乳酪。當然，錦毛鼠肯定也獲得了相對的
回報，因此這是一個雙贏的決策。

很多年輕人剛進入社會時候，以為自己一無所
有。其實並不是一無所有的，因為你有時間、有企
圖心、有熱情，當然也多少有一定的工作能力。這
些都是你的財富，是你謀求成功人生的基礎。想要
尋找和把握機會的你，首先就是要正確認識自己唯
一擁有的財富，然後善用這些有限的財富，才能少
走彎路，早一點成功。

人生不僅僅是事業或者財富，人生也是生活。
生活和事業一直都在爭奪你有限的時間和資源。找
個好伴侶、享受閒適的生活，以及和家人更多的相
處，都需要時間和精力；打造自己的事業更是要投

入足夠的時間和資源。對於任何人來說，時間都是一樣的，每天都是 24 小時，每小時都是 60 分鐘。

對於沒有計畫的人來說，時間是沒有成本的資源，反正睡一覺之後又是白天，最後落下一個「少壯不努力，老大徒傷悲」的結果。而善於預算自己時間和資源的人則不一樣，他們都有著強烈的企圖心和積極的心態，在明確目標的指引下，仔細預算自己的時間和資源，一步步走上成功的階梯。

對於個人的資源，還應當有更加深刻的理解。奇奇和錦毛鼠都是從垃圾場出來的老鼠，這一點在垃圾場可以說毫無意義，因為大家都是垃圾老鼠；但是在「迷宮」裡就完全不一樣了，因為「迷宮」裡只有兩隻垃圾場出來的老鼠。因為這樣特殊的關係，對於奇奇和錦毛鼠來說，相互都是人生的資源。從奇奇的角度來說，錦毛鼠有豐富的閱歷和經驗，同時也有一定數量的乳酪，是可能改變自己命運的一種資源。從錦毛鼠來說，奇奇可能是未來

「迷宮」裡的乳酪大亨，是一個值得投資的對象，也是錦毛鼠的人生資源。

　　同樣的道理，只要是與你有特殊關係的人，都是你尋找和把握機會的資源。重要的是你要理解這些資源的本質意義。在「我該搬誰的乳酪」故事中，錦毛鼠其實也是一個善於預算自己時間和資源的高手。如果不是遇到奇奇，錦毛鼠在「迷宮」中最多也就算是一個有產階級。但是，錦毛鼠遇到奇奇之後，以自己豐富的人生經驗斷定奇奇有很大的可能成為「迷宮」的乳酪大亨，因此決定在奇奇身上投資足夠多的乳酪。錦毛鼠的這項投資帶來了豐厚的回報。奇奇在成功之後，除了償還乳酪之外，還把錦毛鼠作為自己未來事業的合夥人。錦毛鼠也將成為「迷宮」的乳酪大亨，儘管不是最大的。但若錦毛鼠僅僅依靠自己的努力，要達到目標，或許要花費一輩子的時間，甚至永遠也不可能實現，借助投資奇奇這條捷徑，提前了十幾年的時間就實現

了。錦毛鼠其實是最大的贏家和最成功的投資者。

成功的關鍵在於
——預算你的時間和資源：

1.只要是與你有特殊關係的人，都是你尋找和
　把握機會的資源。

2.你的時間、企圖心、熱情和工作能力，這些
　都是你的財富。

九、精英都是有證書的

　　猴子聰聰真的是一個天才，或許也是「大隱隱於市」的迷宮高人。儘管在「我該搬誰的乳酪」故事中是以一種調侃的形象出現的，但是聰聰的三條規則的的確確是「迷宮」時代最核心的遊戲規則和成功秘訣。

　　「迷宮」時代正如猴子聰聰所說的，是一個「證書的時代」，這一點很關鍵，是所有機會的關鍵所在。

　　「迷宮」時代機會是無限的，而對於特定個人來說，能夠把握的機會是十分有限的，因為所有的機會都存在「機會的門檻」。

　　什麼是機會的門檻呢？就是把握特定機會所必須的素質和能力。隨便看一份招聘廣告，對於特定的職位都會羅列出一系列的基本要求，從年齡到性別，從經驗和文憑。這些要求就是特定職位的機會

門檻，只有超越機會門檻才有可能進入二次甄選。

　　不要忘記了，「迷宮」時代是一個有著無數人的巨大複雜的競爭環境，提供機會的人絕大多數情況下與爭取機會的人沒有任何關係，他們既不是同學也不是鄰居，幾乎從來都沒有見過面。了解一個人的素質和能力是一件十分複雜的事情，還需要很多專業的知識和技巧。如果大家都直接相互理解的話，整個社會的成本是十分高昂的。好在「迷宮」裡有的是聰明人，例如猴子聰聰，面對這樣巨大的機會，他們出手了，為大家提供素質和能力的證明——證書。

　　證書在一定程度上代表了一個人的素質和能力，儘管不是很準確，但是對於整個社會來說，確實是最經濟的方法。ＭＢＡ為什麼會吃香？為什麼有那麼多的人願意花費巨大的代價去獲得這張證書？為什麼企業都把ＭＢＡ做為人才？因為ＭＢＡ獲得了社會的承認，的確，受過ＭＢＡ教育的人都

有很好的管理素質和潛力。當然了，不同ＭＢＡ的
價值是不一樣的，就像「我該搬誰的乳酪」故事所
講的一樣，猴子聰聰發的證書是「迷宮」裡最有價
值的證書，因爲「迷宮」裡的大亨都認可猴子聰
聰，進而認可猴子聰聰所有的入門弟子。

很多人都跟奇奇一樣，爲了改變自己的命運，
去獲得一張證書。越是有價值的機會，對於證書的
要求也就越高。機會是很公正的，既然特定機會的
價值很高，要求證書的價值也是合情合理的，迷宮
時代是不可能出現天上掉乳酪的事情的。奇奇想要
進入「迷宮」的精英階層，就必須獲得猴子聰聰的
證書，就必須給猴子聰聰好多好多的乳酪。

所謂精英就是優秀人才，優秀人才當然是要有
證書的，而且絕對不是一本證書可以了事的，因爲
優秀人才肯定是要懂得很多東西的，每一個重要的
方面都是要有證書的。

故事就是故事，其實證書的含義是廣泛的。對

指點迷津

於個人來說，證書絕對不僅僅是單純的文憑。特定的工作經歷、工作經驗，甚至特定公司的員工等等都是你的證書。對於剛畢業的學生來說，學校發給的獎狀和各式各樣的頭銜都是可以作為證書來使用的。

由於證書在「迷宮」時代具有通行證的意義，因此猴子聰聰經營的生意當然都十分熱門。翻開任何一份報紙，各式各樣發證書的廣告是琳瑯滿目。牢記一點，不是所有的證書都是有價值的！

對於很多初級工作來說，證書的有無並不重要，就像奇奇幫人清點乳酪並不需要什麼證書一樣。因此，花代價去獲取沒有價值的證書是毫無意義的，絕對是浪費自己的時間和資源。

對於想成為「迷宮」時代的精英們來說，還是必須以奇奇為榜樣，一定要去獲取最有價值的證書，哪怕付出巨大的代價。有了價值很高的證書，所有投資很快就可以回收，回報當然也是巨大的。

精英都是有證書的：

1. 證書在「迷宮」時代具有通行證的意義。
2. 所有的機會都存在「機會的門檻」。
3. 價值很高的證書，投資很快就可以回收，回報也是巨大的。

十、精英必須去做精英應做的事情

「迷宮」時代實在是太複雜了，出現了一些幽默的遊戲規則也是很正常的事情。聰聰規則的第二規則就是很幽默的遊戲規則。表面上很滑稽的遊戲規則，本質上卻十分真實。

到底如何理解聰聰規則的第二條－－精英必須去做精英應當做的事情。

首先要理解的是－－精英應當做的事情到底是什麼？所謂精英，就是「迷宮」時代擁有價值很高證書的人。既然如此，精英們應當做的事情都是有價值的事情，例如高級白領什麼的。精英也必須預算自己的時間和資源。由於可以選擇的機會很多，正確的選擇就具有更加重要的意義。奇奇的選擇看起來十分突兀，其實卻是最恰當的選擇，巨人身邊的機會都是好機會。精英絕對不能屈就的，因為屈就的結果就是否定聰聰規則的第一條，把自己從精

英階層中自我放逐。「迷宮」裡的人都會問你——
既然你都有了精英的證書，為什麼從事不用證書的
工作呢？難道你的證書是假的？

其次要理解最關鍵的一點——很多精英應當做
的事情其實真的很簡單的，簡單到其實誰做都一
樣。管理學中，有一個經典的彼得原理——主管一
定會提升到他不能勝任的崗位上。即使是這樣，他
的工作也一樣做的沒有毛病。

「迷宮」時代，精英都像奇奇一樣，倚靠著巨大
的靠山，用大量的資源以團隊作業的方式在工作。
在這樣的背景下，特定個人的工作真的可能很簡
單，因為複雜的團隊中總是容易出現官僚主義，就
會有各種莫名其妙的崗位。

對於很多有抱負的人來說，很難接受聰聰規則
的第二條；但是對於很多濫竽充數的精英來說，這
是成功的關鍵秘訣。

精英必須去做精英應當做的事情：

1. 很多精英應當做的事情其實真的很簡單的，
   簡單到其實誰做都一樣。
2. 對於很多濫竽充數的精英來說，本規則是成
   功的關鍵秘訣。

十一、乳酪越多的地方
越容易得到乳酪

人一輩子辛辛苦苦、勞碌奔波，以爲是在爲自己賺錢。換一個角度來看這個問題，則是「生不帶來，死不帶去」的。人其實是財富的看守者，成功的差異僅僅是看守財富的多寡而已。

當然問題也不是這樣簡單的，看守的過程中，物爲己用的現象也是必然的，看守的財富越多，生活的品質肯定也越高。

乳酪越多的地方越容易得到乳酪，這是「迷宮」時代一個最簡單的常識，猴子聰聰把這樣一個最簡單的常識作爲聰聰規則的第三條肯定是有道理的。正如奇奇所理解的那樣，「迷宮」裡的乳酪遠遠多於垃圾場，所以在「迷宮」裡更容易獲得乳酪；大熊擁有「迷宮」裡最多的乳酪，大熊那裡肯定是「迷宮」裡最容易獲得乳酪的地方。

「迷宮」時代的成功是什麼？主要的標準是擁有一份成功的事業；成功的事業是什麼？就是掌握大量的資源從事各種各樣的事情，掌握的資源越多，成功的等級也就越高。

想要掌握更多的資源，只有一個途徑，就是盡可能地靠近更大的資源，也就是到乳酪更多的地方去。簡單的說，乳酪多的地方，就是地上掉的奶渣，也比乳酪少的地方多呀。奇奇到「迷宮」的第一天就知道，「迷宮」角落的垃圾站的乳酪比整個垃圾場都要多。

道理其實很簡單，問題在於「迷宮」時代資源多的地方在哪裡呢？一般說來，資源的多寡與兩個因素有重要的關係。

首先是地域。垃圾場和「迷宮」是兩個不同的地域，乳酪的多有著巨大的差異。或許奇奇所在的「迷宮」並不是乳酪最多的地方，也許還有一個「乳酪城」呢，連房子都是用乳酪做成的。對於我們來

說，生活的城市就是重要的選擇。經濟越發達的城市，發展潛力越大的城市，都是乳酪越多的地方。

其次是行業。奇奇可以說從事了兩種不同的行業，一種是幫人家清點乳酪；一種是幫大熊動別人的乳酪。不同的行業回報是完全不同的。幫人家清點乳酪只夠奇奇填飽肚子；幫大熊動別人的乳酪則可以使奇奇成為「迷宮」的乳酪大亨。行業的選擇對於個人的成功有著重要的意義。不過，在「迷宮」時代，變化實在太多太快了，行業的選擇也真的比較複雜。不過，有一點是肯定的，一定要選擇朝陽行業。

「迷宮」時代
的遊戲規則

WHOSE CHEESE SHOULD I MOVE

乳酪越多的地方越容易得到乳酪：

1. 想要掌握更多的資源，只有一個途徑，就是盡可能地靠近更大的資源。

2. 生活的城市就是重要的選擇。

3. 行業的選擇對於個人的成功有著重要的意義。

做事要敢想!

天上不會掉乳酪！

多做一點總是好的！

機會都是在工作中出現的！

成功的關鍵在於預算你的時間
和乳酪！

精英都是有證書的！

精英必須去做精英應當做的事情！

乳酪越多的地方，越容易得到
乳酪！

新管理系列 07

我該搬誰的乳酪

作　　　者	何君
總 編 輯	陳惠雲
主　　　編	林岩鋒
插圖繪製	祈緯
內頁完稿	李雅富
出 版 者	匡邦文化事業有限公司
聯絡地址	116 台北市羅斯福路四段 200 號 9 樓之 15
E-Mail	dragon.pc2001@msa.hinet.net
網　　　址	www.morning-star.com.tw
電　　　話	(02) 29312270、(02) 89313191、(02) 29312311
傳　　　真	(02) 29306639
法律顧問	甘龍強律師
初　　　版	2002 年 8 月
總 經 銷	知己實業股份有限公司
郵政劃撥	15060393
台北公司	106 台北市羅斯福路二段 79 號 4 樓之 9
電　　　話	(02) 23672044、 (02) 23672047
傳　　　真	(02) 23635741
台中公司	407 台中市工業區 30 路 1 號
電　　　話	(04) 23595819
傳　　　真	(04) 23595493
定　　　價	新台幣 180 元

Printed in Taiwan

如有破損或裝訂錯誤，請寄回本公司更換

◎ 版權所有

國家圖書館出版品預行編目資料

我該搬誰的乳酪 / 何君著,
——初版,——台北市：匡邦文化,
2002〔民 91〕
面：　　　公分——（新管理；07）
ISBN:957-455-244-6（平裝）
1.成功法
177.2
91010115

讀 者 回 函 卡

您寶貴的意見是我們進步的原動力！

購買書名：**我該搬誰的乳酪**

姓　　名：

性　　別：□女　□男　　年齡：　　歲

聯絡地址：

E-Mail ：

學　　歷：□國中以下□高中□專科學院□大學□研究所以上

職　　業：□學生　　　　□教師　　□家庭主婦　□SOHO族

　　　　　□服務業　　　□製造業　□醫藥護理　□軍警

　　　　　□資訊業　　　□銷售業務□公務員　　□金融業

　　　　　□大眾傳播　　□自由業　□其他

從何處得知本書消息：□書店□報紙廣告□朋友介紹　□電台推薦

　　　　　　　　　　　□雜誌廣告□廣播□其他

你喜歡的書籍類型（可複選）：□心理學□哲學　□宗教□流行趨勢

　　　　　　　　　　　　　　□醫學保健　□財經企管　□傳記

　　　　　　　　　　　　　　□文學　□散文　□小說　　□兩性

　　　　　　　　　　　　　　□親子　□休閒旅遊　□勵志

　　　　　　　　　　　　　　□其他

您對本書的評價？（請填代號：1.非常滿意 2.滿意 3.普通 4.有待改進）

書名_____　　封面設計_____　　版面編排_____內容 ____

____ 文／譯筆_____

讀完本書後，你覺得：

　　　　　　□很有收穫　□有收穫　□收穫不多　□沒收穫

你會介紹本書給你的朋友嗎？　□會　　□不會　　□沒意見

（貼郵票處）

116 台北市羅斯福路四段 200 號 9 樓之 15

匡邦文化事業有限公司 編輯部 收

地址：＿＿＿縣／市　＿＿＿鄉／鎮／市／區＿＿＿路／街
　　　＿＿＿段＿＿＿巷＿＿＿弄＿＿＿號＿＿＿樓